ぼくの家は かえで荘

監修・文 小林 美津江 絵 近澤 優衣 写真 酒井 博文

ぼくは、お母さんと かっちゃんという

男の人と 3人で くらしていました。

お父さんとは 3ねんまえに わかれました。

ぼくは　おかあさん　かっちゃんと　くらしていた

ぼくは、家で かっちゃんに なぐられました。

おでこから 血が でました。

でも ぼくは、そのまま 学校に いきました。

 ぼくは　かっちゃんに　なぐられた

たんにんの先生（せんせい）が、ぼくの　おでこを　みて

「どうしたの?」と　びっくりして　言（い）いました。

ぼくは　だまっていました。
ぼくは　病院（びょういん）で　おでこを　6針（ろくはり）　ぬいました。

ぼくは　びょういんで　おでこを　ぬった

先生が 子どもセンターに 電話を しました。

「もしもし けがをして 学校にきた 子どもが います。」と

言いました。

一時間後、学校に 子どもセンターの人が きました。

がっこうに　せんたーのひと　きた

子どもセンターの人は、ぼくに

「しばらく　かえで荘という　子どもの施設で　くらしましょう。」と

言いました。

かえで荘は　山の中に　ありました。

ぼくは　　しせつに　　いった

ぼくは、かえで荘（そう）から　バス（ばす）に　のって
近く（ちか）の学校（がっこう）に　かよい　はじめました。

ぼくは　　ばすで　　がっこうにいく

かえで荘には 親から はなれてくらす 子どもが すんでいました。

プールに はいったり はなびを しました。

たこ焼きを 作ったり ハロウィンで おかしを もらいました。

かえで荘の ぶたいで おどりました。

しょくいんの すみれさんと しんりしの しょうたさんと

たくさん 話を しました。

およぐ　　たこやき　　すみれさん　しょうたさんと　　はなす

ある日、子どもセンターの人が　かえで荘に　きました。

子どもセンターのひとは、ぼくに

「かっちゃんは、おとうさんになる　手続きをした。」と　言いました。

かっちゃんと　お母さんは、ぼくが　しせつに

はいることに　はんたいです。

ぼくが　　しせつでくらす　　かっちゃん　はんたい

かっちゃんは　ぼくを　なぐります。

お母さんは、ぼくに「あっちにいけ!」と　言います。

もし、お母さんが　かっちゃんと　わかれて、

ぼくに　「あっちにいけ!」と　言わなくなったら、

ぼくは　おかあさんの　ところに　もどります。

かっちゃん　　ぼくを　　なぐる　　おかあさんは　ぼくに　　おこる

クリスマスが 近づいたころ、かえで荘の ひろばに
スノーマンが あらわれました。

それをみて「ぼくにも ほんとうに サンタさんが

きてくれる かもしれない。」と 思いました。

ぼくは、しょくいんに
「ぼくはもう、かえで荘の子どもに なってるよね?」と ききました。

ぼく　　しせつの　　こども

クリスマスイブの日　子どもセンターの人が、あいにきました。

「お母さんは、かっちゃんと　りこんしました。」と　言いました。

「お母さんに　また、あえるように　なります。」と　言いました。

おかあさん　　かっちゃん　　わかれた　　ぼくは　　おかあさん　　あえる

ぼくは お母さんに あいたいです。

でも、ぼくは あの家には かえりたくありません。

しばらく かえで荘で くらします。

| ぼくは | おかあさんに | あいたい |
| でもぼくは | いえに | かえらない |

おわりに

　この本では、虐待を受けた子どもが、親への複雑な思いを抱えながら、自分の安心できる場所を見つけ、自律的な生き方を求めていく姿を表現したいと思いました。また、子どもを支える施設や関係機関があり、日夜、奮闘していることもお伝えしたかったことです。

　小さな生き物たちが、主人公の「ぼく」を心配しながら優しく見守っています。

虐待を受けた子ども達が、初めて施設に来ると、3食の食事があり、清潔な部屋や布団があり、支援員の適切な接し方に触れ、普通の暮らしがあることに気づきます。そして、子ども達は、親との距離が近くなるとまた苦しんでしまうことに悩みます。子ども達は揺れ動きながらも、親との適切な距離を保ちながら大きくなっていきます。

　施設では、心理的アプローチや生活支援の中で、子ども達が自分の権利に気づき、将来自律的な生活を送る力が身につくよう支援しています。

　この本を子ども自身が置かれている環境の理解や自分の権利に気づくこと、親への思いと自分の希望の整理などの助けにご活用いただけたらと考えます。また、養育者の子どもへの理解不足や過度な期待と障がい理解、貧困との関係、支援体制など多くの社会的課題についても考える契機になればと考えます。

【障がい児入所施設について】

　障がい児入所施設では、被虐待児童やもともとの障がいに加え、虐待による愛着障がいなど二次障がいを受けた児童が多く生活しています。重症化する前の早期の対応が求められます。社会的貧困が進む中、被虐待や養護性の高い軽度発達障がい児、知的障がい児が施設入所することは児童の命や健康を守り教育の権利を保障するものです。

【使用した絵記号について】

　この本で使用している絵記号は、2005年に発表された日本工業規格 JIS T0103：2005（コミュニケーション支援用　絵記号デザイン原則）で例示している一部の絵記号を転載しています。また、このJIS作図原則に則り本書のために作製した絵記号も使用しています。

　JIS絵記号は、2014年に国際標準化（ISO）され、障がい者、高齢者、外国人などを始め、広く市民への情報提供の方法として活用が進んでいます。

【LLブックについて】

　この本は、文字が読めない人でも読書が楽しめるように、わかりやすい文章の工夫や、写真、絵、ピクトグラム（絵文字）を使用し、配慮してつくられたLLブック（やさしく読める本）です。

スウェーデンでは障がい者、高齢者、外国人など、文字が正確に読めない人達のために、1987年「やさしく読める図書センター」（Centrum för Lättläst）を国の機関として設立し、やさしく読める新聞・LLブックの発行、官公庁や企業からの受託制作、朗読代理サービスなど5つの事業を行っています。

　1990年代に入り、スウェーデンの取り組みが日本に紹介され、その後各方面に活動が広がりました。

　2006年には、LLブック「ひろみとまゆこの2人だけのがいしゅつ」を清風堂書店より出版しました。大人の障がい者の余暇の楽しみの読み物として、また、知的障がい者が懸命に生きている様子を多くの方々に伝えたいと思いました。この本は、IBBY障害児世界推薦図書（2007年）として選定されました。

　日本は、2014年に障害者権利条約を批准し、意思決定のためのわかりやすい情報提供の工夫と、内容の充実が求められています。

　今回、埼玉福祉会の皆様の熱意によりLLブックの出版が行われたことに深く感謝いたします。

小林 美津江

この本に でてくる 小さな生き物たち

もんしろちょう
3月上旬から飛びはじめ、
11月下旬まで見ることができます。

ゆりかもめ
海で生活する鳥ですが、
早朝に内陸に入り一日をすごします。

あまがえる
雨が降る前に大きな声で鳴きます。

べにしじみ
羽がこんなに赤いチョウはめずらしいものです。

すずめ
瓦屋根の隙間に巣作りをするので
数が減少しています。

はらびろかまきり
おなかをたて胸を張る姿がすてきです。

おおるりぼしやんま
少し高い山の池などに生息しています。

るりびたき
春や秋、渡りの季節には
都会の公園でも見ることができます。

べにかまきり
竹に産卵。
5月下旬バラ園や植物園でもよく見かけます。

あおすじあげは
ブルーのラインが美しい南方系のチョウです。

ぼくの家はかえで荘

監修・文 **小林 美津江**	三重短期大学 法経科 卒業（1976年） 大阪府障害者福祉事業団 勤務（1976年〜） 近畿大学 法学部 卒業（2008年） 南海福祉専門学校 卒業（2009年） 佛教大学大学院 社会福祉学研究科 博士前期課程 修了（2014年） 佛教大学大学院 社会福祉学研究科 博士後期課程（2014年〜）
絵・絵記号・装幀 **近澤 優衣**	大阪芸術大学 芸術学部 デザイン学科 卒業（2008年） 大阪芸術大学大学院 芸術研究科 博士前期課程 修了（2011年）
写真 **酒井 博文**	奈良教育大学 中学校教育課程 卒業（1975年） 日本映像写真学校 フォトファイン学科 卒業（2013年）
編集スタッフ	小林 美津江　酒井 博文　近澤 優衣　岩尾 和子
モニタリング	村岡 潔（医師 佛教大学社会福祉学部 教授）他、多くのみなさま
協力	大阪府立金剛コロニー 社会福祉法人 大阪府障害者福祉事業団

◆ JIS T 0103:2005で例示している一部の絵記号を転載 ◆ 写真の一部は小林 美津江

ぼくの家はかえで荘

2016年10月21日　初版第1刷発行

発行者　　　　　並木 則康
発行所　　　　　社会福祉法人埼玉福祉会
　　　　　　　　〒352-0023
　　　　　　　　埼玉県新座市堀ノ内3-7-31
電話　　　　　　048-481-2181(代)
FAX　　　　　　048-481-0752
ホームページ　　http://www.saifuku.com
メールアドレス　shohin@saifuku.com
印刷 / 製本　　　恵友印刷株式会社